Hans-Jürgen Borchardt

Die Fehler vor dem Angebot

Wenn die Differenzierung fehlt

GRIN Verlag

Bibliografische Information der Deutschen Nationalbibliothek:

Die Deutsche Bibliothek verzeichnet diese Publikation in der Deutschen National-
bibliografie; detaillierte bibliografische Daten sind im Internet über http://dnb.d-
nb.de/ abrufbar.

Impressum:

Copyright © 2010 GRIN Verlag, Open Publishing GmbH
Druck und Bindung: Books on Demand GmbH, Norderstedt Germany
ISBN: 978-3-640-75696-4

Dieses Buch bei GRIN:

http://www.grin.com/de/e-book/161896/die-fehler-vor-dem-angebot

GRIN - Your knowledge has value

Der GRIN Verlag publiziert seit 1998 wissenschaftliche Arbeiten von Studenten, Hochschullehrern und anderen Akademikern als eBook und gedrucktes Buch. Die Verlagswebsite www.grin.com ist die ideale Plattform zur Veröffentlichung von Hausarbeiten, Abschlussarbeiten, wissenschaftlichen Aufsätzen, Dissertationen und Fachbüchern.

Besuchen Sie uns im Internet:

http://www.grin.com/

http://www.facebook.com/grincom

http://www.twitter.com/grin_com

Die Fehler vor dem Angebot

Wenn ein Angebot abgegeben wird, ist das fast das Ende eines vorangegangenen Prozesses. Denn, bevor es zu einer Angebotsaufforderung kommt, müssen im Vorfeld sowohl bestimmte Leistungen erbracht, als auch bestimmte Bedingungen für den Interessenten erfüllt sein. Da der Prozess der „Produktion von Nachfrage" ziemlich komplex und nicht allen Unternehmern im vollen Umfang bewusst ist, hier die gesamte Prozesskette, die in allen Punkten zum eigenen Vorteil beeinflussbar ist.

1. Das Image

Wenn ein Unternehmen ein schlechtes Image hat, wird kein Interessent dieses zu einer Angebotsabgabe auffordern. Das Image entsteht zum einen aus der Summe aller Eindrücke, die ein Betrieb bewusst oder unbewusst im Markt hinterlässt und zum anderen aus dem Auftritt und den Informationen, die es dem Markt präsentiert.

Was heißt das?

„Kein Mensch, kein Unternehmen kann nicht *nicht* kommunizieren", wie Paul Watzlawick sagt. Mit anderen Worten, auch wenn Sie nichts sagen und keine Werbung betreiben würden, entsteht durch Ihr Verhalten, durch Ihre Arbeit, durch das Verhalten Ihrer Mitarbeiter eine Meinung (das Image) über Ihr Unternehmen. Egal, ob die Mitarbeiter unfreundlich sind, der Firmenwagen verlottert ist, eine Reklamation abgeschmettert wurde - alles summiert zu einem Gesamteindruck bzw. Bild über das Unternehmen. Und wenn im Laufe der Zeit die Anfragen immer weniger werden, wird es gern auf den Wettbewerb, auf die Krise, auf die Schwarzarbeiter - aber nicht auf das eigene Verhalten zurück geführt.

Die Kernzelle der Meinungsbildung sind immer die eigenen Kunden. Sie sind im wahrsten Sinne des Wortes „Meinungsbildner", denn sie kennen das Unternehmen, die Mitarbeiter, die Qualität der Arbeit, das Verhalten bei Reklamationen etc. Wenn sie einen Betrieb empfehlen, ist das die preiswerteste Neugewinnung von Kunden. Und, obwohl dieser Sachverhalt bekannt ist, vernachlässigen viele Betriebe diese ganz wichtige Zielgruppe. Statt sie bei ihrer positiven Meinungsverbreitung, bei ihrer Werbung für das Unternehmen zu unterstützen, zu belohnen, werden sie ignoriert.

Im Umkehrfall können unzufriedene Kunden – aus welchem Grund auch immer- die Nachfrage aus dem Freundes- und Bekanntenkreis nachhaltig blockieren. Wenn sie erzählen, dass die Qualität nur mittelmäßig ist, die Mitarbeiter das Haus verschmutzt haben, Reklamation nicht sorgfältig behoben wurden etc., wird niemand auf den Gedanken kommen, dieses Unternehmen zu einem Angebot aufzufordern.

Da sich das Image aus vielen kleinen Mosaiksteinchen zusammensetzt, muss allen Unternehmern bewusst sein, dass sie und ihre Mitarbeiter sich im Idealfall zu jeder Zeit, bei allen Gelegenheiten „vorbildlich" verhalten und darstellen müssen. Natürlich kann das keiner, aber wenn man es weiß, kann man sein Verhalten darauf ausrichten und viele Fehler vermeiden.

2. Die Bekanntheit

Wer Anfragen erhalten will, muss bekannt sein. Wen man nicht kennt, den kann man auch nicht fragen. Und da sind wir beim Thema Werbung, ein Thema, das von den meisten Inhabern, aber insbesondere von den Existenzgründern (völlig) falsch eingestuft wird. Firmen, die schon viele Jahre tätig sind, verfügen über eine Grundbekanntheit, die aber immer wieder „aufgefrischt" werden muss.

Existenzgründer glauben oft, dass die Beziehungen, über die sie verfügen, und ihr Familien-, Freundes- und Bekanntenkreis ihnen eine bestimmte Grundauslastung sichern wird. Daher wird am Wichtigsten, an der ausreichenden Bekanntmachung, gespart. Die Folgen sind bekannt, der Umsatz entwickelt sich nicht so, wie geplant und erhofft.

2.1 So planen Sie Ihre Bekanntheit!

Als erstes definieren Sie exakt Ihr Einzugsgebiet. Das kann je nach Angebot sehr verschieden groß sein. Wenn Sie zu den Kunden fahren (müssen), wird das Einzugsgebiet wahrscheinlich deutlich größer sein, als wenn die Kunden zu Ihnen kommen. D. h. Sie legen genau fest, wie weit Sie selbst zu den möglichen Kunden anreisen wollen und wie groß max. die Entfernung ist, die Ihre zukünftigen Kunden bereit sind, zu Ihnen zu kommen. Generelle Regel: Je spezieller Ihr Angebot ist, desto größer kann und muss Ihr Einzugsgebiet sein. Je allgemeiner (austauschbarer) Ihr Angebot ist, desto kleiner ist das Einzugsgebiet, denn im Normalfall wird kein Mensch kilometerweit fahren, wenn er das Gleiche um die Ecke bekommt.

2.2 Ist das Potential groß genug?

Sie müssen in etwa ermitteln, ob Sie in dem von Ihnen geplanten Einzugsgebiet genügend potentielle Kunden für sich gewinnen können. Bei der Beurteilung des Marktpotentials werden die meisten Fehler gemacht, weil immer wieder vergessen wird, dass Marketing Krieg ist. In 99% aller Fälle müssen Sie anderen Anbietern die Kunden „wegnehmen" und die überlegen wiederum, wie sie dem neuen Wettbewerber den Start erschweren oder gar unmöglich machen können.

2.3 Werbung muss systematisch und kreativ geplant werden.

Nahezu alle Unternehmer machen zwei ganz entscheidende Fehler.

- Sie wollen nicht auffallen und darum werben sie mehr oder weniger so, wie ihre Kollegen. Warum aber soll jemand zu ihnen kommen, wenn sie mehr oder weniger das gleiche sagen wie ihre Konkurrenten? Deshalb: Man muss sagen wodurch man sich auszeichnet und welchen Nutzen man zum Vorteil des Kunden bietet. Nur wenn die Werbung diese Botschaft transportiert, hat der Empfänger ein Motiv zu wechseln.
- Werbung und damit Nachfrage wird nicht systematisch geplant. Nachfrage wird von Inhabern kleiner Unternehmen selten professionell geplant. Wenn ein Betrieb pro Monat, Woche, Tag X Aufträge oder Y Verkäufe benötigt, dann muss diese Nachfrage durch Werbung sichergestellt werden. Dafür ist eine vierfache Planung notwendig:

a) Die durchschnittliche Menge der Nachfragen, die benötigt wird, muss ermittelt werden.

b) Die Werbeträger und Werbemittel müssen stets auf ihre Wirksamkeit untersucht werden, damit man permanent die eigenen Maßnahmen/Aktivitäten verbessern kann.

c) Die Kosten für die geplanten PR- und Werbemaßnahmen müssen detailliert geplant werden, damit genügend Mittel zur Verfügung stehen.

d) Es muss ständig kontrolliert werden, mit welchen Angeboten die größte Nachfrage ausgelöst wird.

Kommentar zur Werbung:

Werbung ist der Bereich, der von der Mehrzahl der Unternehmer von Kleinbetrieben „auf die leichte Schultergenommen wird". Es ist Ihnen nicht oder nur unzureichend bewusst, dass die Bilder und Texte, die den Empfänger letztendlich erreichen, sehr sorgfältig ausgesucht sein müssen. Das Gleiche gilt auch für den Einsatz der möglichen Werbeträger, deren Unterschiede im Preis-Leistungsverhältnis bis zu 100% betragen kann. Und, wie bereits erwähnt, die Botschaft muss wenn nicht neu, dann doch zumindest interessant gestaltet sein.

3. Die Erwartungserfüllung

Wenn Kunden einen Auftrag vergeben oder eine größere Anschaffung planen, haben Sie sich mit diesem Thema schon längere Zeit beschäftigt. Sie haben mehr oder weniger konkrete Vorstellungen von dem Produkt bzw. von den Leistungen - siehe „Erfolgreiche Angebote schreiben". Wenn ein Unternehmen im Allgemeinen und die Kontaktperson im Besonderen diese Erwartungen nicht erfüllt, kommt es zu keiner Auftragserteilung. In diesem Zusammenhang sind zwei Dinge besonders wichtig.

3.1 Der Gesamtauftritt des Unternehmens mit seinen Mitarbeitern muss glaubhaft bzw. vertrauenswürdig sein. Kein Auftraggeber wird einem Unternehmen oder einer Person einen Auftrag geben, wenn er nicht von der Vertrauenswürdigkeit überzeugt ist.

3.2 Der Kunde will als Individuum wahrgenommen und behandelt werden. Unternehmer und Verkäufer, die diese Erwartung des Kunden ignorieren, werden selten erfolgreich verkaufen. Die Bereitschaft, sich auf die Erwartungen des Kunden einzustellen, muss bereits beim 1. (telefonischen) Kontakt beginnen. Und sie endet erst, wenn der Auftrag reklamationsfrei abgeschlossen und abgerechnet ist.

Fazit

Allen Personen, die in der Prozesskette „Verkaufen" eingebunden sind, muss immer bewusst sein, dass sie kommunizieren. Sie müssen sich stets vor Augen halten, dass Kunden und Interessenten stets **alle** Informationen, die sie erhalten, bewusst und unbewusst mit ihrer Erwartungshaltung vergleichen. Und wenn das Ergebnis negativ ausfällt, werden auch keine Aufträge gewonnen.

Hans-Jürgen Borchardt
Januar 2010